PIO R. SEAN

¡TALIKALÂ!

Drama sa duhá ka Bahin.

MGA TINAO.

SOLEDAD, Ang asawa.
ROSARIO, Abyan ni Soledad,
GRACIANO, Ang bana.
GAUDENCIO, Kilala ni Soledad,
PABLO, Ugangan ni Gaudencio

Ginpaimprenta ni

Casimiro F. Perfecto.

Edicion propiedad del Editor.

MANDURRIAO, ILOILO.

"LA PANAYANA"

Imprenta, Librería y Encuadernación
1916.

HALAD.

Sa duhá ko ka mahirup ñga mga abyan,
duñgúg kag himayá sang Ilóng-ilong,
duhá ka mga pamatan-on nga may
magayón ñga palaabuton,

Eliseo Hervás Salas

Bachiller en Artes

Lícenciado en Filosofía y Letras

Profesor de Literatura Castellana en la Universidad

Filipina

Periodista y Literato,

kag

Francisco Varona

Bachiller en Artes

Profesor de Historia en el Instituto Burgos

Periodista y Literato

Ang   tagsulát

¡T,ALIKALA!

Drama sa duha ka Bahin.

NAHAUNA NGA BAHIN.

Saguà sang isá ka baláy nga kasarañgan sa pagkabutáng. Ganhàan sa likúd kag sa kilid magtimbang. 'Ang sa likúd padayon sa hagdàan kag ang sa kilid ñga natòó sang guluàan padayon sa hulút ñga tulugán, kag ang sa nawalá sang guluàan padayon sa digamuhán. Lamisa sa tungâ kag pila ka siya maglibut sa lamisa.

— «O» —

NAHAUNA NGA GUA

SI SOLEDAD, SA OLIHI SI ROSARIO.

SOLEDAD—(*Nagapaninló*) Ay, ¡pangabuhí! Ang imo kalipay, ang imo himayà, ang imo kasadya, natigana gid lamang nimo sa mga táo ñga dàan may kalipay sa painóino, may himayà sa dughan kag may kasadya sa sulúd sang ila pagpangabuhì. (*Dulugan macadali. Sa mga matá*

nagaagay mapait nga mga luhá)
Apang sa nagakalisud, sa nagabatás,
sa nagabatyag na nga dàan sa sulúd
sang dughan sing mga kasakit, yarà ang
imo kapintas . . . (*Nagapaninló kag
nagahibí)*

ROSARIO--(*Gikan sa ganháan nga nalikúd*)
Maayo nga aga, Choleng. ¿Maanóano ka?
(*Hakson kag halukán*)

SOLEDAD—Ay, abyan; kon iní nga cahimta-
ngan nakon may diotay pa nga kali-
pay, inâ nga kalipay amó icaw, bula-
han nga tagiposòon nga walâ pagala-
hubsi sing kaawà sa nagabatás mo nga
abyan.

ROSARIO—¿Ngaa? ¿Amó man gihapon?

SOLEDAD—Walà gid paglubád; hinonòo ganì
nga nagabangís.

ROSARIO—¿Nagabangís?

SOLEDAD—Hoo, nagabangís. Dilì na maantus;
dilì na mabatás. ¿Anano ang takús ko
mabuhat?

ROSARIO—Antusá, kay bana nimo.

SOLEDAD—¿Ngaa man nga may mga mag-
asawá nga ang ila pagpuyû makaililà,
kay latum sa kalipay ang sulúd sang
ila baláy?

ROSARIO— Kay nagahisahù; kay ang gugma
sang asawa kag bana nagaangay ang ka-
dalisay.

SOLEDAD—¿Kag ang walâ magahisahùay? ¿Ang
walâ magaangay ang gugma sang asawa
kag sang bana?

ROSARIO—Sa tungúd sinâ yarà ang matá nga
ginatubdan mapàit nga mga luhà.

SOLEDAD—¿Walà na liwan?

ROSARIO—Yarà ang kasíngkasing ñga magabatás

SOLEDAD—¿Kag. . . . walâ na?

ROSARIO—A, yarà ang masubû ñgə lulubñgan!

SOLEDAD—*(Maghibí)* ¡Lulubñgan! A, amo'y matam-is ñga puluy-an sang may casaquit.... *(Magtukyahaw sa iya paghibí)* Apang, Charing nalulutan ko ñga abyan, ¿walâ na sing liwan ñga macaluás sa aton sa kalisdanan, sa talikalâ sang mabañgís ñga bana?

ROSARIO—Hòo, ang *divorcio.*

SOLEDAD—¿Kag anano ang *divorcio?*

ROSARIO—Amo'y kasuguán ñga nagatugut sang pagbulagay sang bana kag sang asawa kon may dakû ñga cabañgdanan.

SOLEDAD—¿Anano ñga mga cabañgdanan?

ROSARIO—Pananglit kon ang bana mabañgis, ñga sa dalayon iya ginasakít ang asawa, sa tungúd siní ang asawa sarang makadañgúp sa *divorcio*; subung man kon ang asawa pananglit maglub sa bana, hantî ang bana makadañgúp man sa divorcio.

SOLEDAD—¿Kag anano?

ROSARIO—Kag ang bana sarang makapañgasawa, subung man ang asaua sarang makapamana.

SOLEDAD—O, hamili ñga casuguán!

ROSARIO—Hamili, kay nagapalinóng sang pagpuyû sang táo; kay nagaluás sa táo sa kapaitán sang pangabuhi. Dili bañgúd kay ang bana magpañgasawa kon makapilá ang luyag niya subung man ang asawa, ñga magpamana kon makapilá, kay sa pag-asawahay ñga matawhay, sa pag-asaway ñga ang bana kag ang asawa nagahigugmaanay sing tunay, walà sing *divorcio* ñga sarang makalingkang.

SOLEDAD—Matúud, Charing. Ang magbulág sa
isá ka bana, bisan pa iní sia malain, amó
ang labí nga mapùit nga panumdumón sang
isá ka asawa, apang kon dili na maan-
tús, kon sa luyó sinâ nga bana lamang
ang kasakit amó ang ginabaton sang asa-
wa sa tanán nga tión, hanti walâ na sing
liwan nga mahimù. . . .

ROSARIO—Inâ nga casugúan nagapatawhay
sang pagpangabuhi sang táo.

SOLEDAD—¿Apang, abi ang lalaki, sa paghi-
ngabút lamang sa isá ka babáe, iya iní
ipakasal, kag kon mapakasal na niya,
iya bulagán?

ROSARIO—Dili man mahimù.

SOLEDAD—¿Kay walà sing kabangdanan?

ROSARIO—Hóo; kay walâ sing kabangdanan.

SOLEDAD—Hanti pintasán abi sang bana, kag
kon indi, butángbutángan abi sing mga
kasal-anan?

ROSARIO—Labí nga maayo, agúd ang babáe
sa ila pagpamana dili magpahinali, kon-
dî ila gid anay kilalahon sing tungkad
ang táo nga nagatuyò sa ila; panilagan
kon putli balá ang paghigugma. . . .

SOLEDAD—¿Hanti, kay may mga lalaki nga
sampaton magpuni sing bulak sa ma-
higkù nila nga batasan, nga makilala la-
mang kon makasal na?

ROSARIO—Hanti, bangúd sinâ yarà ang *di-
vorcio* nga sarang dangpan sang kailo nga
makatiplang, nga amó ang magaluás sa iya
sa kabangís sang bana. Kon walâ sing
divorcio, pilit na lamang nga magbatás siá.

SOLEDAD—Hamili nga kasugúan. Mahapús
matùud ang magpamana, apang mabud-

lay ang magpili sing banahon. . . . .
(Manumdum) ¿Mabulág akó kay Graciano?

ROSARIO—Ambut sa imo. Hunâbunàa kag
pasibûsibùa sing malawig kag madalum.
Painóinoha kon magakalipay ka kon ma-
kabulág na ikaw sa iya . . .

SOLEDAD—Aparg maluás akó sa iya kaba-
ngís. Walâ akó tuyò sa pagpamana, kon-
di nga ang tuyò ko, nga mukaluás sa ma-
pait ko nga kabimtangan.

ROSARIO—Dili akó ang dapat magsugù sa
imo, kondi ikaw ang dapat magpainóino
sing malawig kag madalum.

SOLEDAD—*(Maglingas subung' sang naga-*
panilag nga may nagasaká)
Sià yanâ ang nagasakà. Ambut kon ana-
no naman ang pagapaabutón kó nga pag-
sakít niya . . .

ROSARIO—Kon amó, ¿dili na gid maantus?

SOLEDAD—Pinulung ko na sa imo nga la-
kás na. . .

IKADUHA NGA GUA

SILÀ MAN CAG SI GRACIANO

GRACIANO- ¡Buisít nga pagpangabuhil *(Tu-*
kason ang kaló kag ilampús)

ROSARIO - Maayo'ug aga Graciano. ¿Anano
ang nahanabù? *(May tuyò sa paglingaw)*

GRACIANO—Ay, Charing; nanurúysuruy. Na-
ngità kabuhian.

ROSARIO—Nagdùaw akó sa imo asawa
kay ginatan-aw ko nga daw naganiwang.

GRACIANO—Maayo pa ikaw imo, Charing,
kay walâ magapalibúg sang imo olo.

ROSARIO— Dili ka makasiling sinâ. Nagapalibúg akó sang akon olo bangúd sang pagpangabuh', nga kon dili maálam ang táo, madali nga mahulug sa lungíb sang kalisdanan.

GRACIANO— Mapait matúud.

ROSARIO— Mapait matúud kon makatabû ang babáe sing bana nga malain.

GRACIANO— Kag kon makatabû man ang lalaki sa asawa nga malàin.

ROSARIO— Magpangalipay lang gani ikaw kay may asawa ka nga maayo, apang ikaw...

GRACIANO— Apang akó malàin. Hòo, nakilala ko ang ipulung nimo, apang dili maglàin ang bana kon ang asawa maayo.

SOLEDAD— Hòo, Graciano, isugid naton sa tampad. ¿Ngaa gid nga likman naton ang nagapanilág sang aton pag-asawaháy? Ako imo ginapaantus, imo ginapintasán.

GRACIANO— Hanti bumulág ikaw, kay luás ka man.

ROSARIO— Pagpakahinay kamo, kag patawara ninyo ako nga nagahilabut sa inyo, apang nangahás akó paghambal sing subung kay inyo akó ginabilang nga mahirup ninyo nga abyan. . . .

SOLEDAD— ¡Bulág! Hòo, maluyag ikaw magbulág kay ikaw lalaki, apang akó nga isá ka babáe nga buhat, nga maluya . . . ay, ang lungíb amó ang akon dalangpan.

GRACIANO— Kay tandà nga ikaw ang malàin, kay kon akó ang malàin, ayhan nagtal-as na ikaw.

ROSARIO— Panasa na ninyo ang malàin, kon daw may malain, kay amó ang maayo, agúd magtawhay ang ínyo pagpuyû. Kon ang babáe ang maláin, tinguháón ang pagbalbin sinâ nga kaláin agúd mag-ayo, subung man ang lalaki. (*Magtindug*) Amó na akó anay. . . (*Tao malakát na*) Balhiná ninyo ang inyo pagpuyû agúd ang himayà magbanàag sa inyo. (*Lacat*)

GRACIANO – (*Sang pagkalumbus na ni Rosario*) ¿Anano ang ginpanugid nimo cay Charing?

SOLEDAD—Walâ.

GRACIANO—Tubtub dirí imo ginapakità ang imo kalàin, bañagà.

SOLEDAD—(*Maghibî*) Akó ang imo ginapakalàin sing ang tanán ginaantus nakon. (*Maghibî pa gid.*) Ikaw nga ang imo pilak sa sugalan kag sa mga babáe nimo ginayákyák, ikaw nga dili ganì makadumdum sang akon pagkàon, ikaw nga sa walâ sing kabangdanan tagapintas sa akon, ikaw ang maayó; apang akó nga kon makakàon tungud sang kalooy sang mga abyan, akó nga nagabatás sang imo kabangís, akó nga imo ginapintasán, ako ang malàin. . . . .

GRACIANO—Choleng. . . . hinugay na . . (*Palapitán kag hanáon nga kug,on*) ¿Sin-o ang nagsugid sa imo nga may mga babáe akó? ¿Sin-o?

SOLEDAD – Mahimù nga kug-on nimo akó kay amó na ang imo batasan, kay akó maluya, apang ang matùod dili na pagtagùa. . . . (*Nagahibî gihapon*)

GRACIANO—Choleng. . . . (*Tulukon masakit si Soledad nga daw iya lamunon*)

SOLEDAD· Hòo Graciano... ang matùod, matùod. Ikaw walâ mahagugma sa akon, ikaw

walâ pagpalanggà sa akon . . .

GRACIANO- Hantî kay nakilala nimo, ngàa walâ nimo akó bulagí?

SOLEDAD—¡Bulag! ¡Bulag! amó ang imo ginahulát kay walà ka paghigugma sa akon. ¿Kag ngàa balá sadto imo akó ginkuhà sa sabak sang akon mga ginikaoan?

GRACIANO—Dapat mo masayuran nga ginpangasawa ko ikaw kay may dumút akó sa imo mga ginikanan.

SOLEDAD—¿Galî? ¿Kag akó ang imo ginbalusan?

GRACIANO—Kon daw dili ka makabatás, saráng ka makabulag. *(Kuháon ang kaló cag davon lakát)*

SOLEDAD—¡Bulág! ¡Bulag! Diwa ko! . . . ¿Kag sin-o ang akon dangpan? ¿Akó nga isá ka maluya nga babáe . . . *(Dulugan kag maghibî)* Ang lungib, ang lungib amò ang akon puluy-an, ang kasakit amó ang akon abyan kag ang pagbatás amó ang akon anino . . . A, masubû nga kahimtangan . . . *(Masulúd sa ganháan nga naualá)*

IKATLO NGA GUÀ

SI GAUDENCIO, SA OLIHI SI SOLEDAD

GAUDENCIO---*(Subung sang sa idalum)* Tagbaláy . . . *(Magpakitá sa ganháan nga nalikud)* Maayo'ng aga dirí . . . *(Mangilágkilág)* ¿Wala sing táo?

SOLEDAD---*(Sa sulúd)* ¿Sin-o inâ?

GAUDENCIO—Akó, Choleng , . .

SOLEDAD—*(Maguà)* Dayón. . . Pungcù. Gauden.

GAUDENCIO—*(Magdayón cag maglingkud)* ¿Diin si Graciano?

SOLEDAD — Bag-o pa lamang yadto magpanàug.
  (*Ginatagú ang kalisud*)

GAUDENCIO — Nagkarí lang akó kontanì. . . *(Si
  Soledad nagahibí kag sang pagkakitá ni
  Gaudencio walá magpadayon sang iya iham-
  bal)* Apang pakigkitàan ko na lang si Gra-
  ciano. . . .

SOLEDAD — ¿Ngàa, anano balá?

GAUDENCIO — Nagakalisúd ka, kag dilì akó
  magdugang.

SOLEDAD — Walà á, kundì ang matá ko nga si-
  nudlan sang ambut kon anó nga sapat.
  ¿Anano balá ang tuyù mo sa iya?

GAUDENCIO — Ind. á, kay ang akon utud may
  sulát sa akon nga sukton ko si Graciano
  sang utang niya.

SOLEDAD — ¿Pila ang utang ni Graciano?

GAUDENCIO — Kalim-an ka pisos man lamang.

SOLEDAD Jesús *(Sa kay Gaudencio)* ¿Sa anó
  inâ nga utang?

GAUDENCIO Ambut man ganì á.

SOLEDAD — ¿Dugay na?

GAUDENCIO...Sang Semana lang nga nagligad.

SOLEDAD — *(Nagahibì)* ¡Jesús! Kag bìsan lan-
  dong lang sang amó nga kuarta walâ gid
  akó makakità . . .

GAUDENCIO — A, dilì gid man inâ ginasakùan
  sang akon utud. Magakitàáy lang ugaling
  kamí ni Graciano.

SOLEDAD — Walâ gid dumduman. . .

GAUDENCIO — Nagakalisud ka, Choleng, kag
  dilì na nimo matagù. Patawara akó nga
  nagdugang sang imo kalisúd.

SOLEDAD — Hòo, Gauden, ngàa igkahuyà ko.
  Nagakalisúd akó bangud sang kabangis
  sang akon bana nga yanâ. *(Naghibì)*

GAUDENCIO - Amó gid inâ dirí sa ídalum
sang kalibutan; may nagakalalipay kag may
nagakasakit, Akó nagakalisud man..., .

SOLEDAD—Kay kon ang bana walâ ganì pag-
higugma sa asawa, lamang kapintas ang gina-
amuma....

GAUDENCIO — Subung man nga ang asawa kon
wâlâ ganì paghigugma sa bana, ang ka-
dungganan ginadagtàán ... (Liwanon ang
pangatingúg) Amó gid inâ.... mga hampa-
ngan kitá sang aton kapalaran nga gina-
d.pyadapya sang balúd sang pangabuhì.
.... ¿Ngàa abì tagùon ko pa? Sang una
ginhigùgma ko ikaw, kag kon ikaw ang na
pangasawa ko, ayhan sa karon walâ pala-
ligban ang olo co...

SOLEDAD—Pabayài inâ nga mga hambalanon
Gauden. Tuluka nga amó na inì ang ka-
himtangan naton kag walâ na sayud nga
maghambal kitá sinâ nga butáng....

GAUDENCIO—Patawara akó ... (Matindog
nga bùot Malakat) Patawara akó, kay dilì
man amó ang tuyò nakon, kay yadto kay
nagligad na, aton dapat kalimtan. (Lakat)

SOLEDAD—(Maghibì) Hòo, badlit nga malà-
ut nga hinatag sang mga langit. Antusón
kay daw malapít na lamang ang akon ka-
matayon. ¿Ngàa man nga amó iní ang na-
gakahanabù sa kalibutan, nga ang nagahi-
gugmaanay dilì mag-asawaháy, agud mag-
himayà sing himpit? Inâ si Gaudencio nag-
higugma sadto sa akon. ... (Subung sang
bùot kalimtan ang malàot nga hunàhunà)
¡Apang palayô kamo sa akon! Yadto kay
nagligad na pilit nga kalimtan. A, ang
gugma nga dalisay kon masimbugan sang

gugma nga hapaw, subung sang kalamay
kag apdu nga kon símbugón, ang ka-
paít dili madaúg sang katam-ís. (*Sulud*)

IKAP·AT NGA GUÁ

SI GRACIANO, SA OLIHI SI SOLEDAD.

GRACIANO—Choleng. . . . (*Mabaskug ang ti-
ngug*)

SOLEDAD—(*Maguá*) ¿Anano? (*Malulut*)

GRACIANO—(*Nagabalingasú*) Ikaw nga babáe,
ambut kon ginapangitá gid nimo ang imo
kalàinan. Maluyag ka naman nga palasán
ang matupâ sa likud nimo. Walâ ka gid
kadudlàan.

SOLEDAD—¿Ngàa balá? (*Mahinay*)

GRACIANO—Karón, ang pinaabút mo ang ma-
tagasák na'man ang nawûng mo.

SOLEDAD—¿Apang anano balá ang salâ ko?

GRACIANO—Ang pisos sa akon bolsa imo
ginkuhà? Walâ ka makasayud nga madamù
ang balayran ko? ¿Diin ang pisos?

SOLEDAD—Ginbakal ko man pagkàon.

GRACIANO—Makahas ka gid nga banyagâ ka.

SOLEDAD—Amó man inâ ang maayo; ang
mangawat sang pilak nimo, kay kon indì
akó magpangawat, sa babáe lang nimo ma-
kadto ang tanán. (*Sulud*)

GRACIANO ¿Ha? (*Sundun*) Madudlâ ka gid.
(*Sulud*)

SOLEDAD=(*Magtinagasak sa sulúd*) Tabang,
ay. . . . patya na lang akó. . . .

GRACIANO=(*Maguá nga nagabalingasó*) Tan-
dàan mo. Sa sini, magabulág ka gid sa akon.

KUMBUNG

IKADUHÁ ÑGA BAHIN.

Guâ sang isá ka baláy ñga inimol; nipà kag kawayan ang dingding. Ganhàan sa kilid lamang magtimbang; ang sa natòó sang gumuluà mapadayon sa hagdanan kag ang sa nawalá mapadayon sa kulút ñga tulugán May apat ka siya ñga kawayan kag ïsa ka lamisa ñga kahón sang gás.

NAHAUNA ÑGA GUÁ

SI SOLEDAD CAG SI GAUDENCIO.

GAUDENCIO (*Subung sadto'ng nagahambalanay na silá ñga daan sang pagbukàs sang kumbung*) ¿Nakità mo Choleng? makalolòoy ang aton pagpuyù, Imol kita....

SOLEDAD—Hòo, imol kitá apang himpit ang aton kalipay kag buganà ang himayâ sang dughan. A, Gauden, amo pa lamang iní ang akon pagkásayud kon daw anó ang putlì ñga gugma. Sadto walâ acó makakilala sina'ng ila ginatawág himayà sa sulúd sang pagkabuhí sang táo, (*Maghibi*)

GAUDENCIO---Kon nagakalipay ka, ñgàa caron nagahibî ka?

SOLEDAD—Akon ginahibìán ang akon kapalaran ñga nagligad, kay walà akó magkilala sang putlì ñga paghigugma....

GAUDENCIO—Pabayài yadto'ng nagliligad na. Nián aton kalipayan ang aton kapa-

laran, nga bisan sa olihí, apang naghatag
gid man sa aton sang himayà nga amó
sadto ang nakulang sa aton....(*Si Soledad
nagahibí gihapon.*) ¿Apang anano pa ang
ginahibî mo? ¿Anano pa ang ginakalisúd mo?

SOLEDAD—Ang maghunâhunà nga basî dilì
ikaw makaunung sa akon tubtub sa ka-
matayon......

GAUDENCIO—¿Nagapangduháduha ka?

SOLEDAD—Amó ang nagasakit sa akon....

GAUDENCIO—(*Magginhawa sing malawig.*
Háy, Diwa ko....

SOLEDAD—Tî kondì nagahinulsul ka....

GAUDENCIO—Walâ akó magahinulsul, walâ.
Sa subung sini bisan isahón lang kitá sing
lulubngan. Ang ginakasakitan ko kay dilì ko
ikaw mapapatí sang tunay ko nga paghi-
gugma. Halus ako manginmatay sa subung
siní, agúd imo makità nga sa subung
siní handà akó sa pag-unung sa imo kay gi-
napakatam-is ko nga sa sabak mo mahunus
ang-akon ginhawa. . . .

SOLEDAD—¿Nagakalipay ka sa luyó ko?

GAUDENCIO—Nasilíng ko na sa imo, apang
sa gihapon suliton ko. Sa mga luyó nimo
walâ akó kamatayon.....

SOLEDAD—A, Gauden, buot ko nga sa gihapon
imo suliton ang imo mga panug-an, kay
tagsa nimo ka pagsulit tagsa man ka si-
lak sang himayà ang nagabanàag sa akon
kasíngkasing.

GAUDENCIO—Masayuran mo Choleng nga
walâ pa akó makabatyag kalipay subung si-
ni'ng kalipay nga iní nga nagatan-ay sang
dugès nga mayuyum sa aton. Ang gina-
kalisdan ko kay sa subung siní walâ akó iga-

pakalipay sa imo. , . . (*Masubú*) kay walà akó palangitan-an sing pilak.

SOLEDAD—Bisan sa dahon lamang sang kahoy magakabuhî kitá. . . .

GAUDENCIO—Apang dilì mahimù. (*Subung sang nagahambal sa iya lamang*)

SOLEDAD—Dilì ka magpalibúg sang imo olo. Tuman na akó nga mabusug sang himayà. Himayà lamang ang akon ginapangità kay amó ang nawalà sa akon. Busúg akó magtuluk nga imo akó ginapalanggà.

GAUDENCIO—Hóo, ako amó man, apàng mapatay kitá sa gutum.

SOLEDAD—¿Anano gid man? Mapatay kita sa gutum, apang mamatáy nga may himayà ang dughan. (*Lainón ang pangatingug*) Abi sugilanoni akó, Gauden.(*Subung sadtong buot níya lingawón*)

GAUDENCIO—¿Ano ang isugilanon ko?

SOLEDAD—Ang imo maragtas, ang imo ginagihan. . . . .

GAUDENCIO—Masubû. Nalugum sang maitúm nga dùág sang kasakit.

SOLEDAD—Subung man sang akon. Apang isugilanon.

GAUDENCIO—Lanubù pa akó kag akon ikaw mahakit an; magayón ka,. maanyag, nga sa gilayón sa sulúd sang akon dughan ginsimba ko ang imo kagayón kag kaanyag. ¿Nakadumdum ka? Nagsulát ako sa imo apang walà nimo akó pagbalusi. Sumulát akó liwán sa imo; makatatló, apang walà gid ikaw magbalus. Kutub sadto nagpalibúg akó sang akon olo. Natabû gid sadto nga buot akó pasakyon sang akon amáy sa Manilà, kag nagsakáy ako. Tatlo akó ka túig sa Manilà, kag akon mabaton ang masubû nga balità nga ang akon amáy napatáy. Sanglit kay isa lang ako ang lalaki niya nga anak, pumaulì akó dirí sa pagtatap sang amon pangáma, kag sadto nga nga túig may bana na ikaw. Maduhá ka túig bumulik akó sa Manilà su pagpadayon sang akon pagtóón, kag didto akó makapangasawa sa isá ka taga Pangpangga, nga akon nasayuran sang olihi nga walà galî paghigugma sa akon. . ., Apang anhon ko kay amó ang akon palad. Batasón. . . . Apang sini'ng olihi dili na gid maantus. . . . (*Magpakitá nga nagapangalisud*) Sadto Choleng, imo gintalpan ang ganhàan sang imo dughan sa mga panghayhay sang akon tagiposòon kag amó iní ang kabangdanan nga nagsimáng kitá sing dalan. . . .

SOLEDAD—Iya sang langit pagbùút . (*Maglingas*) Daw may nagasakà. . . .(*Manilag*)

GAUDENCIO—¿Sin-o ayhan?

IKADUHA NGA GUA

SILÁ MAN KAG SI ROSARIO

SOLEDAD—(*Nakibút*) ¡Jesús! ¿Ngàa? (*Palapitán ni Soledad*) ¿Anano ang nahanabù?

GAUDENCIO—(*Mapalapit man kay Rosario subung sadto'ng maluyag makisayud sang nahanabú*) ¿Ngàa

ROSARIO—Sa banwa kamó lang ang ginawakal sang mga táo. Ginakangil-arán nila ang buhat ninyo. Apang walâ sing may nakasayud nga yari kamó diri. ., .

SOLEDAD—¿Kag ikaw, ngàa nakasayud?

ROSARIO—Kalalangan sang pagpakamahal ko sa imo, Choleng.

GAUDENCIO—¿Kag anano ang mga hambal sang mga táo?

ROSARIO—Nga konó si Choleng damák nga babáe, kay nagdagtà sang iya kadunggonan sa pag-upúd lamang sa isá ka lalaki, kag ikaw (*Itudló si Gaudencio*) malàin nga lalaki kay sa isá ka malàin nga babáe imo ginpakalisúd ang imo asawa.

SOLEDAD—¡Diwa ko! (*May pangulisúd*)

GAUDENCIO—Pabayài silá sang luyag nila nga ihámbal, kay ang mga kailó walâ makasayud sang ginkamunùan siní nga tanán. Pabayài silá kay walâ makatalastas sang sa sulúd sang dughan sang táo nagapugad, nga amo'y gugma. Kailo nga mga táo.

SOLEDAD—¿Kag anó ang saráng naton mabuhat?

GAUDENCIO—Ang magpuyû sing malinong sa tungâ sang kahimayàan sang tunay nga gugma. Pabayàan naton silá kay walâ makatalastas sang tanán. . . Ang mga kailo walâ sing salâ, kay ang ila, ginatulok nila ang mga butáng sonô sa nagakahanabù, apang walâ nila pagakilalaha ang mga kabangdanan. . .Kay walâ nila matalastasí...

ROSARIO—Hòo, magpakalinóng . . . Manaúg akó anay kay manilag akó sang hinuring-huring sang táo. (*Lakát*)

GAUDENCIO—Malakát man akó

SOLEDAD—¿Kag akó diri nga isá lamang?

GAUDENCIO—¿Anano ang nahadlukán mo? Yari ang revolver akon ibilin. Mabalik man akó gilayón. (*Ihatag ang revolver kag daw-on niya.*)

SOLEDAD—Dumali ka gid, ha?

GAUDENCIO Madali gid lamang. *(Lakát)*

SOLEDAD—Héo, nakaluás na ako sa kaba-
ngís sang isá ka táo nga walá'y kalooy.
Bisan mamatáy pa akó sa subung siní. Ta-
mà nga pagbatás, tamà nga pagpangalisùd,
sa katapusan may kaluasan gid man. (*Ma-
numdum*) ¿Apang basì kon ginapasalig
lang akó ayhan ni Gaudencio? ¿Basì kon
ginhimuslan lang niya ang kaluya sang
akon kasíngkasing bangúd sang lakás ko
nga pagpangalisúd? Hantì manginmatáy ako,
kay ayhan amó na gid ang pagbùót sang
mga langit. Hantì, matapus na ang tanàn.
(*Manumdum*) Apang dili makabudhì sa
akon si Gaudencio... Kutub pa sadto iya
akó ginhigugma...

IKATLO NGA GUÁ

SI SOLEDAD KAG SI ROSARIO

ROSARIO (*Kutub sa idalum*) Choleng...

SOLEDAD(*Sa iya lang*) Si Charing... (*Suga-
ton sa ganháan*) ¿Anano nga pagkabután?
(*May dakú nga kabulung*)

ROSARIO—Nagbalik akó kay nalantawán ko
si Pablo...

SOLEDAD—¿Sin-o nga Pablo?

ROSARIO—Ang ugangan ni Gaudencio.

SOLEDAD—¿Hantì?

ROSARIO—Basì kon makit-an niya akó kag
masayuran niya nga yari dirí si Gauden-
cio, ganì kay nakasayud sia nga daw mag-
utud gid kita.

SOLEDAD —¿Kag anano abi ang buhaton niya?

ROSARIO - Walà kitá mal asayud.

IKAP-AT NGA GUÁ

SILA MAN KAG SI GAUDENCIO

GAUDENCIO—(*Kutub sa idalum*) Choleng...

SOLEDAD - (*Sugaton si Gaudencio*) Gauden...
¿Anano ang dalá mo?

GAUDENCIO — Diotay ñga cabuhian. (*Ibutáng sa lamisa ang iya mga dalá*) Gatas ñga akon nabakál sa manoggatás, itlog. . . . (*Himusón*) Mamahaw kitá anay.

ROSARIO — Pamahaw lang kamó, kay akó akon busúg.

SOLEDAD—Dilì mahimù. Sa kalisúd, kon sa kasakit updi kami; sa gutúm kon sa kabusúg, ambití ang amon kahimtañgan.

ROSARIO—Tá, mainúm lang akó sang gatas. (*Mag-inúm silá*) Tî, amó na akó anay. Sa dilì ninyo masayuran yari akó dirí kay magabalik akó sa paglingáw sa inyo. (*Lakat*)

SOLEDAD—¿Anano ang batibatì nimo?

GAUDENCIO — Dilì ka na magpanumdum sang mga halambalanon sang mga tào. Amó gid inâ ang mga táo, mahambal gid .. (*Dulugan*)···Apang ang akon gid ginakalisdanan kay dilì ako makapatuyang sa imo. . .

SOLEDAD—Ayaw magpanumdum sinâ, Gauden. Akó natáo man sa payágpayag. . . .

GAUDENCIO=¿Walâ ka magahinulsul sini'ng aton nadañgatan?

SOLEDAD—¿Ako magahinulsul? ¿Kág ñgaa? ¿Dilì balá hamili ang aton gugma?

GAUDENCIO=Apang kitá man lamang ang

máy sayúp. Sadto kay sa aton dughan
hamili man nga gugma ang ginabatyag na-
ton, ngàa balá walâ naton pagsimbugá
yadto nga gugma naton? ¿Ngaa? (*Ma-
mangcot sa iya man lamang*)

SOLEDAD=¿Walâ ka balá makabasa sadto'ng:
"Mar de contrariedades es la vida
y los hombres son barcos que navegan
que al llegar la caricia enfurecida
de la suerte, en dolor todos se anegan'.?

GAUDENCIO=Hòo, matùod nga lawúd nga
malapad ini'ng pangabuhì kag kitá
nga mga táo mga layâ nga dahon sang ka-
hoy nga ginadapyadapya, kag walâ naton
masayuri kon diin kitá nga hilit idagsà....

SOLEDAD=Apang sa olihi, nagasiling man
sing:
"Ahora bien, si ruta diferente
hemos trazado al cruzar el desierto
quiera Diós que al final y frente a frente
nos encontremos en un solo puerto".

GAUDENCIO – Hòo, hòo. (*Madalum ang
dumduman*)

SOLEDAD – ¿Nagakalisud ka?

GAUDENCIO=Walâ, kondi nagapanumdum
akó nga mangità pagkàon.

SOLEDAD=Ayáw ka magpalibúg sang olo
nimo kon tungud lang sinâ. Dili kita mag-
kàon.

GAUDENCIO – Dili mahimù. Magkabuhì kitá
sa pagpangalipay. Manaúg akó anay.

SOLEDAD – Dili ka magdugay. (*Lakat si
Gaudencio*) Matawhay na ang dumduman
ko, kay ang humilì nga dugús sang gug-
ma amó ang ginakabuhî sang akon ta-
giposóon. Ang táo, agúd magkalipay, da-

pat magpasilong sa mabugnaw nga lan-
dung sang tunay nga gugma.

IKALIMA NGA GUÁ

SI SOLEDAD KAG SI PABLO

PABLO==(*Sa idalum*) Tagbaláy. . .

SOLEDAD==(*Magtindog subung sang may ka-
hadluk*) ¿Sin-o? (*Manila*g)

PABLO==(*Sa idalum man gihapon)* Tagbaláy...

SOLEDAD---Dili ko kilala ang tingug. (*Masulúd*)

PABLO -(*Sa idalum man gihapon*) Tagbaláy....
(*Maguá*) Ayáw na magpanagù...Nasayu-
ran ko nga yari dirí ang naghalit sa akón
anák.

SOLEDAD---(*Maguâ nga ginapalicud ang re-
volver*) ¿Akó ang ginapangità mo?

PABLO--Hèo, ikaw. (*Nagakulukadlao*) Ikaw
mahigkù nga babáe, ang ginapangità ko.

SOLEDAD---¿Mahigkù ang pulung nimo? ¿Ngaa
nakadangat ka magpulung sing subung?

PABLO---(*May kaakig*) Dili pa ikaw busúg nga
imo gindagtàán ang dungúg sang bana ni-
mo, ang ibán nga panimaláy imo pa gina-
halitan.... .

SOLEDAD---Tiyò Pablo, hinaya lang kon naga-
hambal ka, kay walâ ka makasayud sang
gincamunùan.

PABLO-(*Magkadlaw nga hilaw*) Nakasayud akó.
Naluyag ka kay Gaudencio kag imo gintis-
tisán ang akon anák nga amo'y asawa niya.
Mahigkù ka nga babáe.

SOLEDAD--(*Bayawon ang revolver kag ipatum-
tum kay Pablo*) Tiyò Pablo, hináyhinaya ang
imo hambal kay masakít nga pamatìan ko.

Akó dili malàin nga babàe. Ang anák mo
amó ang mahigkù nga babáe ...

PABLO=(*Mahinay*) Apang ikaw nagtòo sa
mga panug-an ni Gaudencio. . .

SOLEDAD=Dili tungúd kay Gaudencio ang
akon ginbulág sa bana ko: dilí ka maghu-
nâhunà sing subung. Ginbulagán ko ang
bana ko kay mapintas, kay dili na maba-
tás ang iya pagpakalisúd sa akon.... Kag
si Gaudencio nagbulág sa anak mo kay
ang anak mo maluíb.

PABLO...Magapati akó kon tungúd sang kabang-
danan sang imo pagbulág sa imo bana, kay
ang isá ka asawa dili gid matùod magbu-
lág sa iya bana kon abi ang bana dili gid
tamà ka pintas, apang kon tungud sang
kalúíb sang anák ko, sonô sang imo gina-
pamulung, inâ butángbutang lamang ni
Gaudencio, ayhan sa pagbutìg kag sa pag-
patco sa imo.

SOLEDAD=Bisan pa, walâ ka katarungan sa
pagpasipala sa akon.

PABLO—Patawara akó. Apang kailo ka nga
ginbutigán ni Gaudencio.

SOLEDAD Ginatoohan ko kay amó ang iya
sugid, kag ako nagalaum nga dirí sa ka-
libutan amó inî ang mahanabò; nga ang
bana luibán sang asawa, kag sa tungúd
sinî ang bana sarang makabulág.

PABLO—Ikaw ginpasalig lang ni Guadencio
nga magabulág siá sa iya asawa, apang
dilí mahimù.

SOLEDAD—¿Ngaa dili mahimù?

PABLO—Kay sa bana kag sa asawa may ma-
bakud nga talikalâ nga nagahigút nga sa
kamatayon lamang mabugtó

SOLEDAD—Yarà ang *divorcio*

PABLO—Tì, kondì ginpasalig lang ikaw ni Gaudencio.

SOLEDAD—¿Ngàa?

PABLO—Kay dirí sa aton sa Pilipinas walà sing *divorcio*. Ganì ang bana kon asawa man nga magbulág sa iya asawa kon bana man. Kag magpangasawa liwán saráng masumbung sa salâ nga ginatawág *adulterio*.

SOLEDAD—(*Manumdum. Sa luás*) ¿Matúod ayhan?. Apang walâ man akó magasalig kay Gaudencio...Dilì siá ang tuyó ko sa pagbulág kay Graciano....

PABLO—(*Sang iya mapanilagan nga nagdalum ang dumduman ni Soledad*) Amó na akó anay.... (*lakát.*)

SOLEDAD ¿Matúod ayhan? ¿Ginbutigán akó ni Rosario? Apang si Rosario dilí makabutig sa akon. (*Dulugan*) Ginahadlukon akó, kon bàsi sa paghingabút ni Graciano nga makapakasál liwan, nga dílì masumbung sa adulterio, iya akó patyon.... kag isilíng nga akon siá ginluibán....A, tuman na ako siní. Sa tunga siní nga pagpangalisúd pagkatamis sang kamatayon. (*Masulúd kag maguá nga walá na revolver*)

IKAN-UM NĜA GUÁ

SI SOLEDAD KAG SI GAUDENCIO

GAUDENCIO—(*Maĝua gikan sa ganhàan nga natóó*) ¿Ginlangkag nimo akó, holeng? (*Ibutang ang mĝa Dalá nilá niyá*)

SOLEDAD—Hoo, bangúd sang pagpalanggà
  ko sa. imo. (*Dulugan makadalí*) Gauden,
  pilá ka tagâ agud magsalig ako.
  ¿Matuod nga ginahigugma nimo al o?
  (*May anggá*) ¿Matùod nga pagaunu-
  ngan nimo akó?

GAUDENCIO— ¿Apang, may pangduháduha l a?

SOLEDAD— Hanti, mapakásal kitá nga duhá,
  agúd mahimpit na gid ang aton kalipay....

GAUDENCIO— Dili mahímù, Choleng.

SOLEDAD—¿Ngàa?

GAUDENCIO— Kay walâ igatugut sang kasu-
  gùán.

SOLEDAD— ¿Walà balá igatugut nga ang bana
  magbulág sa iya asawa kon ang asawa malà
  in, subung man nga walâ balá igatugut nga
  ang asawa magbulag sa iya bana kon ang bana
  malàin? Kag makapakasál ang tagsatagsa?

GAUDENCIO— Walâ: kay sa asawa kag sa ba-
  na may talikalâ (*Sa pagbungát sang tinagâ
  nga Talikalá, iya baskugón*) nga nagahi-
  gút, nga lamang ang kamatayon amó ang
  makabugras. (*Masubú*)

SOLEDAD— (*Madalum ang dumduman*) ¡Diwe
  ko! ¡Lamang ang kamatayon! ¡Matùod nga
  ginlimbungán akó! (*Masulúd, kag lamang
  nga makasulùd lumupúk*)

GAUDENCIO— (*Sang pagkabatî sang lupúk*)
  - ¡Choleng! ¡Choleng!...(*Sulúd*) Choleng...(*Sa
  sulúd*) ¡Diwa ko! (*Maguà nga iya ginaalay-
  ay si Choleng sa iya duha ka butkon, kag
  palingkurón sa siya, apang patáy na. Iya
  panilagan ang kibú sang dughan.*) ¡Patay,
  Diwa ko! ¡Tungúd sa talikalâ nga lamang
  ang kamatayon ang makabugras! (*Masulúd
  man kag lamang makasulúd lumupúk man.*

Maguâ) ¡Banyagà nġa talikalà, nġa lamang ang kamatayon amó ang makabugras! (*Mapukan sa luyó sangbangkay ni Soledad*)

KUMBUNG.

KATAPUSAN.

PATIMAAN.

Ang tanán ñga maluyag magpaguá sini ñga drama kinahanglan magpañgayó sang pahanugut sang tagsulát kag magbayad sang hinakay ñga ginasukút. Ang mga sulát saráng mapadalá kay Pio R. Sean, $\emptyset_0$ "La Panayana", ni C. F. Perfecto, Mandurriao, Iloilo.

Ang magpaguá ñga walá pahanugut sang tagsulát igasumbung sa hokmanan.

Ang tagsulát.

Made in the USA
Monee, IL
18 August 2025

23636762R00017